AF267074

ÉLOGE

DE J.-J. ROUSSEAU.

DISCOURS

Prononcé à la Société des Amis de ce grand Homme, le 20 Vendemiaire, jour anniversaire de la translation de ses cendres au Panthéon.

Par J.-N. BUMAN.

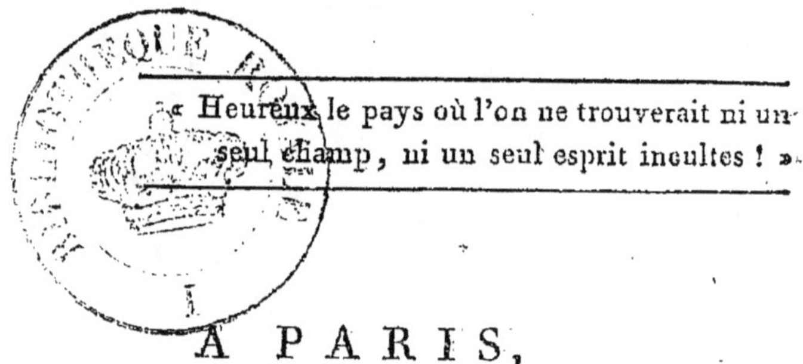

« Heureux le pays où l'on ne trouverait ni un seul champ, ni un seul esprit incultes ! »

A PARIS,

Chez

{

P. Mongies, Libraire, cour des Fontaines, n°. 1, et palais du Tribunat, n°. 224;

Lemaire, Imprimeur du Journal *Le Citoyen Français*, rue d'Enfer, n°. 731.

AN XII. — (1803).

A LA MÉMOIRE

DE J.-J. ROUSSEAU.

O Rousseau ! reçois cet hommage trop peu digne du grand Homme qui a souffert, pour la Vérité, les outrages et les persécutions. Que ta cendre repose en paix ! ta Mémoire aura toujours des autels dans le cœur de tous les hommes justes et reconnaissans.

AVERTISSEMENT.

C'est pour honorer l'Homme de génie et le Philosophe vertueux, que ce Discours a été fait ; l'Auteur l'a dirigé vers un objet d'utilité générale, l'instruction publique, afin qu'il puisse concourir à la propagation des lumières nécessaires au vrai Républicain. C'est dans la même vue que l'on y a joint l'*Evangile de la Raison*, ou l'*Abrégé du Code de la Nature*, séparé d'un système erroné avec lequel il était confondu.

ÉLOGE
DE J.-J. ROUSSEAU.

Citoyens,

Vous voulez dans ce jour, consacré à honorer la mémoire de Rousseau, répandre quelques fleurs sur sa tombe ; organe de vos sentimens, je viens partager avec vous ceux de la reconnaissance publique pour l'Homme immortel qui, par son génie et ses travaux, a rempli de son nom toute l'Europe.

Vous savez, Citoyens, qu'il est aujourd'hui reconnu pour l'un des bienfaiteurs de l'humanité : ses talens, son génie, sa morale, ses vertus lui ont mérité ce titre. La statue érigée à sa gloire, les honneurs du Panthéon que le Peuple Français lui a décerné, en plaçant ses cendres dans le monument le plus honorable ; son buste au nombre de ceux des grands hommes dans la galerie des Consuls, et placé dans la salle des séances du Sénat conservateur, sont des monumens qui assurent à

A 3

Rousseau l'hommage éternel de la reconnaissance nationale, comme celle des Peuples
dont il proclama les droits avec autant d'é-
nergie que d'éloquence.

Tout ce qui a rapport à ce grand Homme
intéresse l'humanité. Il honora également son
siècle et sa patrie, en les éclairant de ses lumières et par l'exemple de ses vertus. Il cita
l'injustice et les préjugés au tribunal de la
Raison, pour y être jugés selon ses lois. Il fut
à ce tribunal le courageux défenseur des opprimés. Il soutint, par son génie et son éloquence (1), les droits de la Nature, ainsi que
ceux des Peuples contre la tyrannie. «Justice
» et vérité, dit-il, voilà les premiers devoirs
» de l'homme ; humanité, patrie, voilà ses
» premières affections. Toutes les fois, ajoute-
» t-il, que des ménagemens particuliers lui
» font changer cet ordre, il est coupable ».

On ne peut accuser Rousseau comme tant
d'autres, dit un Ecrivain critique, d'avoir
souvent répété, avec une emphase étudiée,
le mot imposant de *vertu* (2), plutôt que d'en
avoir inspiré le sentiment. Quand il parle de
nos devoirs, des principes essentiels à notre
bonheur, du respect que l'homme se doit à
lui-même et qu'il doit à ses semblables, c'est

avec une abondance, un charme, une force qui ne sauraient venir que du cœur.

Nul Ecrivain n'a observé le cœur humain de plus près, ni mieux peint le caractère des femmes et les devoirs de la maternité (3). C'était à l'illustre Buffon auquel on faisait remarquer qu'il avait dit et prouvé avant Rousseau, que les mères doivent nourrir elles-mêmes leurs enfans. « Oui, répondit le savant » Naturaliste, nous l'avions tous dit, mais » Rousseau seul le commande et se fait obéir ».

Il se fit obéir de même en enseignant aux mères à ne pas emmailloter les enfans nouveaux-nés dans des langes trop étroits et trop serrés, capables de gêner leur respiration, de les déformer, et de les priver du mouvement si nécessaire à leur santé. Cet usage nuisible, transmis par des siècles d'erreur, s'était perpétué jusqu'à nos jours.

Rousseau nous fit connaître aussi toute l'importance de l'instruction publique pour former les bons citoyens, et les rendre habiles à en remplir dignement les devoirs. « Quelque faible influence, disait-il, que » puisse avoir ma voix dans les affaires pu-» bliques, le droit d'y voter suffit pour m'im-» poser le devoir de m'en instruire ».

A 4

Nous observerons que c'était l'un des hommes les plus savans du dix‑huitième siècle, qui se jugeait ainsi lui-même.

Si l'abus des sciences a été nuisible aux mœurs, comme l'a dit ce grand Homme, il n'est pas moins évident que l'ignorance est l'un des plus grands fléaux qui puissent affliger les Peuples. En effet, l'ignorance est le principe le plus fécond en calamités publiques, et nous n'hésiterons pas à dire avec un Ecrivain aussi distingué par ses lumières que par son patriotisme :

« Heureux le pays où l'on ne trouverait ni » un seul champ, ni un seul esprit incultes! »

Ne sait-on pas que l'ignorance des peuples n'est utile qu'aux tyrans? Elle est non-seulement désavantageuse en elle-même, par la privation des connaissances avec lesquelles on opère le bien, mais souvent dangereuse en ce qu'elle croit savoir ce qu'elle ne sait pas. « Rien, dit Rousseau, n'est si décisif que » l'ignorance, et le doute est aussi rare parmi » le peuple, que l'affirmation chez les vrais » philosophes ».

L'étude que Rousseau avait faite du cœur humain et de la science des gouvernemens, lui en avait fait connaître tous les vices. Aussi profond moraliste que profond politique, ce furent en France les vices du gouvernement monarchique qui lui en firent prévoir la décadence, et il fut le premier précurseur de la révolution (4). Il l'a annoncée à ses contemporains plus de trente ans avant son arrivée. La postérité en trouvera la preuve dans ses écrits, dont nous copions fidèlement les passages pour les soumettre à l'attention de l'auditoire.

« Vous vous fiez, disait Rousseau *, à l'or-
» dre actuel de la société, sans songer que cet
» ordre est sujet à des révolutions inévitables,
» et qu'il est impossible de prévoir, ni de pré-
» venir celle qui peut regarder vos enfans. Le
» grand devient petit, le riche devient pauvre,
» le monarque devient sujet. Les coups du
» sort sont-ils donc si rares que vous puissiez
» compter d'en être exempt ? Nous appro-
» chons, continue-t-il, de l'état de crise et du
» siècle des révolutions. Qui peut nous ré-
» pondre de ce que nous deviendrons alors ?
» Tout ce qu'ont fait les hommes, les hommes
» peuvent le détruire. Il n'y a de caractères

---

* Emile, tome II, page 115, Iere. édition. Amsterdam, 1762.

» ineffaçables que ceux qu'impriment la Na-
» ture, et la Nature ne fait ni princes ni ri-
» ches, ni grands seigneurs. Que fera donc
» dans la bassesse ce satrape que vous n'avez
» élevé que pour la grandeur? Que fera dans
» la pauvreté ce publicain qui ne sait vivre
» que d'or ? Que fera, dépourvu de tout, ce
» fastueux imbécile qui ne sait point user de
» lui-même, et ne met son être que dans ce
» qui est étrange à lui? Heureux celui qui sait
» quitter alors l'état qui le quitte, et rester
» homme en dépit du sort ! Qu'on loue tant
» qu'on voudra ce roi vaincu qui veut s'en-
» terrer en furieux sous les débris de son trô-
» ne, moi je le méprise ; je vois qu'il n'existe
» que par sa couronne, et qu'il n'est rien du
» tout s'il n'est roi. Mais celui qui la perd et
» s'en passe est alors au-dessus d'elle. Du
» rang de roi, qu'un lâche, un méchant, un
» fou peut remplir comme un autre, il monte
» à l'état d'homme que si peu d'hommes sa-
» vent remplir. Alors il triomphe de la for-
» tune, il la brave, il ne doit rien qu'à lui
» seul ; et quand il ne lui reste à montrer que
» lui, il n'est point nul, il est quelque chose.
» Oui, j'aime mieux cent fois le roi de Sy-
» racuse, maître d'école à Corynthe, et le roi

» de Macédoine, greffier à Rome, qu'un mal-
» heureux Tarquin ne sachant que devenir
» s'il ne règne pas ; que l'héritier du posses-
» seur de trois royaumes (5), jouet de qui-
» conque ose insulter à sa misère, errant de
» cour en cour, cherchant par-tout des secours
» et trouvant par-tout des affronts, faute de
» savoir faire autre chose qu'un métier qui
» n'est plus en son pouvoir ».

Quel tableau, Citoyens ! et quelles leçons
admirables sorties de la plume éloquente de
Rousseau ! Quelles vérités et quelle profondeur
de jugement nous découvrons dans ce passage ! Nous verrons dans le suivant, que ce
grand Homme n'était pas moins profond en
morale qu'en politique.

« La seule leçon de morale, dit-il, qui
» convienne à l'enfance, et la plus importante
» à tout âge, est de ne jamais faire de mal à
» personne. Le précepte même de faire du
» bien, s'il n'est subordonné à celui-là, est
» dangereux, faux, contradictoire. Qui est-ce
» qui ne fait pas du bien ? Tout le monde en
» fait, le méchant comme les autres ; il fait
» un heureux aux dépens de cent misérables,
» et de là viennent nos calamités. Les plus su-
» blimes vertus sont négatives ; elles sont aussi

» les plus difficiles, parce qu'elles sont sans
» ostentation, et au-dessus même de ce plai-
» sir si doux au cœur de l'homme d'en ren-
» voyer un autre content de nous. O! quel
» bien, s'écrie Rousseau, fait nécessairement
» à ses semblables, celui d'entre eux, s'il en
» est un, qui ne leur fait jamais de mal! De
» quelle intrépidité d'ame, de quelle vigueur
» de caractère il a besoin pour cela! Ce n'est
» pas en raisonnant sur cette matière, c'est en
» tâchant de la pratiquer, qu'on sent combien
» il est pénible d'y réussir ».

Qui mieux que Rousseau a développé ce précepte prescrit par la justice : *De ne pas faire aux autres ce qu'on ne voudrait pas qui nous fût fait?* Qui mieux que lui l'a rendu plus persuasif par ce développement? Combien il serait essentiel de l'enseigner à l'enfance, et de le répéter souvent aux personnes de tout âge! Ce précepte n'aurait besoin que d'être suivi pour faire le bonheur des hommes et la gloire de l'humanité.

Si nous considérons Rousseau comme orateur, nous trouverons toujours en lui l'homme de génie, l'homme profond, plein de force, de chaleur, d'imagination et d'enthousiasme pour la vertu. Il sut plier son génie à tous les styles. Le nombre, la cadence et l'harmonie à la fin de ses périodes sont des modèles de beautés dans l'art oratoire. Il exprima ses pensées avec cette finesse d'esprit, cette délicatesse de sentiment et cette sensibilité exquise, qui font le charme ou la magie du style, de ce style enchanteur qui fait quitter le livre à regret et le reprendre avec plaisir, de ce style qui avait engagé deux Jésuites à lui demander le secret de son éloquence. « J'en ai un » en effet, mes Pères, leur dit-il, mais il n'est » pas à l'usage de votre Société, c'est de ne » jamais dire que ce que je pense ».

Son *Traité de l'Education* (6), quoique impraticable dans quelques-uns de ses points, est rempli de bons principes : il eut l'avantage de réveiller l'attention publique sur cet objet important. Helvétius croyait qu'il avait mérité une statue pour la seule méthode avec laquelle il apprend à son élève à respecter les propriétés et à devenir honnête homme.

L'esprit nourri de la lecture des anciens, Rousseau les connaissait parfaitement ; il en fit des citations judicieuses dans une multitude de circonstances ; il leur rendit la justice qu'ils méritaient par leurs vertus ou par leurs vices. Il louait sur-tout les anciens peuples de la Grèce et de l'Italie, de leur amour pour la liberté : hé qu'eût-il dit s'il eût vu l'Europe étonnée des nombreuses victoires du Peuple Français ! combattant pour sa liberté et celle des autres peuples, sortir enfin victorieux, par son courage et ses lumières, de cette pénible lutte qui a répandu tant de gloire sur les armées françaises ?

Comme philosophe, Rousseau détestait les méchans autant qu'il chérissait les bons. Ses vertus lui donnèrent quelques amis dignes de lui (7), c'est-à-dire, des hommes distingués par leur rang et leur mérite personnel : il eut aussi des ennemis comme tous les grands hommes en ont eu. La supériorité de ses talens avait éveillé l'envie qui les poursuit, et la jalouse rivalité qui les calomnient (8). Il approchait de sa quarantième année lorsqu'il prit la plume : il commença alors sa carrière littéraire par un discours plein d'érudition, qui annonçait à l'Europe un grand homme de plus.

L'académie de Dijon avait proposé pour sujet de son prix cette question :

Si le rétablissement des Sciences et des Arts a contribué à épurer les mœurs ?

Rousseau examina ce problême, son cœur fut ému, ses yeux se mouillèrent de larmes, et il déclara à l'univers que les Sciences avaient été plus nuisibles qu'avantageuses aux mœurs.

« Mais si Rousseau, dit l'un de nos repré-
» sentans *, avait considéré les sciences dé-
» pouillées de leurs abus, il leur aurait rendu
» l'hommage le plus éclatant, il leur aurait
» commandé d'éclairer l'univers, d'instruire
» les nations ; c'est par elles, dit-il, que ce
» Philosophe a été placé au premier rang
» parmi les hommes qui ont bien mérité de
» l'espèce humaine. L'orateur conclut de ce
» fait que telle est l'institution des choses hu-
» maines, que ce qu'il y a de plus sage peut
» toujours entraîner des abus ; et c'est, ajou-
» te-t-il, vers leur répression que le législateur
» doit tendre sans cesse ».

Rousseau avait traité une question suscep-
tible de pour et de contre ; son discours, cou-
ronné par l'académie, fut aussitôt attaqué par
une foule d'adversaires : plusieurs critiques
combattirent ses opinions sans s'écarter des
égards de l'honnêteté, et en louant son esprit
et ses talens ; mais cet exemple de modération
ne fût pas toujours suivi par ses agresseurs.

---

* Briot.

Le fanatisme aiguisa aussi ses poignards, et le nombre des ennemis de Rousseau s'accrut avec sa renommée; sa véracité, sa franchise choquèrent des hommes vicieux et hypocrites (9), qui craignaient d'être démasqués ; ils eurent recours à des moyens aussi bas que perfides pour déchirer la réputation et l'ame sensible du Philosophe ; quelques-uns de ses méprisables ennemis voulurent, dans leurs passions aveugles, se faire un nom en l'attaquant par des injures, fautes de raisons. C'est dans l'une de ces circonstances qu'il écrivait à l'un de ses amis : « Je me croirais digne de leurs injures, » si je savais y répondre ». Mot d'un grand sens, qui pourrait servir de leçon. Il était persuadé que les injures ne font tort qu'à ceux qui les disent ; il ne leur opposait souvent que sa stoïcité, vertu qui lui servit tant de fois à supporter les persécutions de ses ennemis ; et c'est ce qui lui faisait dire aussi : « Il faut dé- » sormais que je leur pardonne, pour ne leur » pas ressembler ».

Les contemporains de cet homme célèbre l'ont vu luttant à la fois contre son infortune, ses persécuteurs, ses maux physiques et moraux, se tourmenter encore du besoin d'être utile à ses semblables ; il cherchait les moyens

de

de les rendre heureux en les éclairant de ses lumières, et en leur montrant l'abus qu'ils ont fait des sciences (10). C'est à ses travaux et à ses veilles que nous sommes redevables de l'Opéra du *Devin du Village*, dont il fit les paroles et la musique, du *Discours sur l'Economie politique*, d'*Emile* ou *Traité de l'Education*, de la *Nouvelle Héloïse*, du *Contrat Social*, du *Discours sur les vertus des Héros*, et de beaucoup d'autres ouvrages qui respirent l'amour de l'humanité, de la justice et de l'ordre (11).

Arrêtons-nous un moment, Citoyens, à ce *Discours sur les vertus des Héros*, vous y retrouverez la touche mâle et ferme du Philosophe que nous révérons.

Après avoir fait le parallèle du Sage et du Héros, Rousseau nous dit :

« Il y a donc plus de perfection dans le ca-
» ractère du Sage, et plus de faste dans celui
» du Héros ; et la préférence se trouverait
» décidée en faveur du premier, en se con-
» tentant de les considérer ainsi en eux-
» mêmes. Mais si nous les envisageons par
» leur rapport avec l'intérêt de la Société,
» de nouvelles réflexions produiront bientôt
» d'autres sentimens et rendront aux qualités

» héroïques cette prééminence qui leur est
» due, et qui leur a été accordée dans tous
» les siècles d'un commun consentement.

» Le soin de sa propre félicité fait toute
» l'occupation du Sage , et c'en est bien
» assez sans doute pour remplir la tâche d'un
» homme ordinaire. Les vues du vrai Héros
» s'étendent plus loin; le bonheur des hommes
» est son objet , et c'est à ce sublime travail
» qu'il consacre la grande ame qu'il a reçue
» du ciel.....

» Le Philosophe peut donner à l'univers
» quelques instructions salutaires ; mais ses
» leçons ne corrigeront jamais, ni les grands
» qui les méprisent , ni le peuple qui ne les
» entend point. Les hommes ne se gouvernent
» pas ainsi par des idées abstraites; on ne les
» rend heureux qu'en les contraignant à l'être,
» et il faut leur faire éprouver la félicité pour
» la leur faire aimer: voilà l'occupation et les
» talens du Héros ; c'est souvent la force à la
» main qu'il se met en état de recevoir les
» bénédictions éternelles de ceux qu'il con-
» traint d'abord à porter le joug des lois pour
» leur faire enfin connaître l'autorité de la
» raison ».

A ce portrait si ressemblant vous reconnaîtrez ; Citoyens, le Héros du 18 brumaire ; le Héros de cette révolution qui fut si nécessaire pour ramener l'ordre ; de cette révolution entreprise avec tant de sagesse et terminée avec tant de prudence ; de cette révolution enfin selon le desir de Rousseau : « Je ne vou- » drais pas, disait-il, de la liberté si elle devait » coûter la vie à un seul innocent * ».

Ce fut aux Corses que Rousseau adressa son *Discours sur les vertus des Héros* : comme s'il eût pressenti que parmi eux devait naître Bonaparte, le Héros qui rassembla toutes ces vertus en sa personne, et y ajouta le mérite d'une modestie non moins rare que ses hautes qualités. L'Histoire dira qu'il fut également grand dans ses nombreuses victoires, comme dans la paix qu'il a donnée à l'Europe **, qu'il travailla sans cesse à cicatriser les plaies de l'Etat, et prépara, par des travaux pénibles, le bonheur des Français et celui de tant d'autres Peuples.

« L'héroïsme, continue Rousseau, est donc

---

* Considérations sur le Gouvernement de la Pologne.

** Cette paix fut rompue depuis par les Anglais, au mépris des Traités.

» de toutes les qualités de l'ame, celle dont il
» importe le plus aux Peuples que ceux qui
» les gouvernent soient revêtus. C'est la col-
» lection d'un grand nombre de vertus su-
» blimes, rares dans leur assemblage, plus
» rares dans leur énergie, et d'autant plus
» rares encore, que l'héroïsme qu'elles cons-
» tituent, détaché de tout intérêt personnel,
» n'a pour objet que la félicité des autres,
» et pour prix que leur admiration ».

C'est dans le même discours que Rousseau
nous dit encore : « S'il fallait distribuer les
» vertus à ceux à qui elles conviennent le
» mieux, j'assignerais la prudence à l'Homme
» d'Etat, la justice au Citoyen, la modéra-
» tion au Sage ; pour la force de l'ame, je la
» donnerais au Héros, et il n'aurait pas à se
» plaindre de son partage.

» En effet, dit Rousseau, la force est le
» vrai fondement de l'héroïsme ; elle est la
» source ou le supplément des vertus qui le
» composent, et c'est elle qui le rend propre
» aux grandes choses. Rassemblez à plaisir,
» dit-il, les qualités qui peuvent concourir à
» former le grand Homme, si vous n'y joi-
» gnez la force pour les animer, elles tombent
» toutes en langueur, et l'héroïsme s'évanouit.

» Au contraire, la seule force de l'ame donne
» nécessairement un grand nombre de vertus
» héroïques à celui qui en est doué, et sup-
» plée à toutes les autres ».

Héroïsme ! quel citoyen français pourrait
prononcer ce mot sans un souvenir touchant,
sans un souvenir qui rappelle toutes les idées
de la valeur (112), et sans un souvenir qui
commande l'admiration pour les actions héroïques des braves défenseurs de la patrie ?
Généraux habiles, Officiers et Soldats in-
trépides, qui avez tant de fois vaincu les ennemis de la République dans les champs de
la victoire; Marins courageux, qui bravez les
dangers de la mer autant que ceux de la
guerre, pour combattre l'ennemi, permettez-
nous de joindre ici l'expression de nos sentimens aux témoignages de reconnaissance que
la Nation réserve à vos vertus et à la véritable gloire, celle de servir son Pays.

En abhorrant les crimes de la révolution,
combien Rousseau eût applaudi, s'il était encore parmi nous, au courage, aux lumières
des Français qui leur ont fait vaincre la
tyrannie, délivrer de son joug honteux
des Peuples opprimés par elle, ramener,
s'il eût été possible, l'espérance d'une paix

perpétuelle, l'objet des vœux de ce Philosophe et de ses profondes méditations ; créer un Gouvernement Représentatif, digne d'être le modèle de ceux des Peuples libres, seul Gouvernement digne aussi du nom de Républicain ; car l'aristocratie n'était pas plus la république que la monarchie.

Le Philosophe qui a répandu tant de lumières sur son siècle, aurait pu prétendre, par l'utilité de ses travaux, aux récompenses du Gouvernement ; mais il n'aspira point à la faveur des rois (si l'on en excepte Frédéric-le-Grand) ; il mit même, dans quelques circonstances, autant de soin à éviter cette faveur, que les courtisans avides en mettaient à la rechercher ; il lui suffisait de savoir qu'il avait bien mérité de l'humanité : aussi son désintéressement a-t-il été en lui une vertu si distinguée, que ceux qui n'en connaissaient pas toute la pureté, ne pouvaient le concevoir ; et si quelques grands Ecrivains l'ont égalé par leurs talens, il les a surpassés tous par cette rare qualité : ce désintéressement tenait à des vertus, comme l'égoisme tient à des vices.

Avec quelle joie l'Auteur du *Contrat Social* (13) eût entendu les paroles suivantes, prononcées dans le sein du Sénat Français!

« La Convention reconnaît que le culte
» digne de l'Être-Suprême est la pratique
» des devoirs de l'homme.

» Elle met au premier rang de ces devoirs
» de détester la mauvaise foi et la tyrannie,
» de punir les tyrans et les traîtres ; de se-
» courir les malheureux, de respecter les
» faibles, de défendre les opprimés ; de faire
» aux autres tout le bien que l'on peut, et de
» n'être injuste envers personne ».

Ces principes, Citoyens, seront désormais
la base des devoirs de l'homme et de la morale républicaine. Malheur à ceux qui s'en
écarteraient ! Ils appelleraient sur eux le mépris public (14), l'ignominie et la vengeance
des lois.

Ces mêmes principes étaient ceux que
Rousseau aurait voulu inspirer à tous les
hommes pour les rendre heureux, et il réu-
nissait en lui cet avantage parmi les mora-
listes qui ont enseigné la vertu, celui de
joindre l'exemple au précepte. Moyen de per-
suasion trop négligé dans l'art de l'enseigne-
ment. « Par-tout, dit Rousseau, où la leçon
» n'est pas soutenue de l'autorité, et le pré-
» cepte par l'exemple, l'instruction demeure

» sans fruit, et la vertu même perd son crédit
» dans la bouche de celui qui ne la pratique
» pas ».

Nous pouvons conclure de cette vérité que
rien n'a été plus préjudiciable au Christia-
nisme, comme d'en avoir confié le ministère
à des hommes qui n'étaient pas nés pour le
remplir, et le nouveau Concordat a pourvu
sagement aux moyens de réprimer cet abus.

Rousseau goûta les jouissances d'une ame
pure, mais il vivait dans un siècle corrompu
qui excitait son indignation ; il sentait vive-
ment, la nécessité de la régénération des
mœurs dont il s'est tant occupé ; et le dirons-
nous ?.... Oui, Rousseau fut du nombre des
grands Hommes poursuivis par le fanatisme
pour avoir dit la vérité : il la disait avec ce
courage héroïque qui brave les dangers, en
se dévouant au salut du genre humain. En
effet, il n'a manqué au fanatisme que l'oc-
casion de ravir ce Philosophe à l'humanité, dont il rappelait les droits en attaquant
les préjugés et les erreurs. Tant il est vrai
que quiconque veut enseigner la vérité aux
hommes doit s'attendre à être persécuté ; et
c'est peut-être ce qui a fait dire à un Sage
que s'il tenait toutes les vérités dans sa main,

il se garderait bien de l'ouvrir pour les montrer aux hommes.

Le livre sur l'éducation, qui a mérité de si justes éloges, fut le prétexte dont se servit le Parlement de Paris, pour décréter l'Auteur de prise-de-corps : ses amis le garantirent du sort dont il était menacé, en le dérobant à la tyrannie qui en voulait faire une victime. Prêt à s'y livrer lui-même : « J'attendais, » dit-il, avec tranquillité l'événement, me » reposant sur ma droiture et mon innocence » en toute cette affaire, et trop heureux d'être » appelé à l'honneur de souffrir pour la vérité ».

Cependant le livre qui renferme tant de vérités utiles fut condamné aux flammes ; l'Auteur, obligé de fuir la France à la lueur de ces flammes, dirigea sa marche vers sa Patrie, qu'il avait tant aimée et tant honorée par ses écrits : il espérait y trouver, sinon de la reconnaissance, au moins des consolations ; mais c'était là que l'injustice l'attendait au milieu du Sénat de Genève, pour lui porter le coup le plus sensible (15). Ce Sénat condamna aussi le livre qui depuis a mérité une statue à son Auteur. Les magistrats d'alors redoutaient sans doute l'Homme de génie qui éclairait les Peuples sur la source d'où émane toute autorité légitime.

Les fanatiques ne redoutaient pas moins les lumières de ce Philosophe, que le ci-devant Parlement de Paris ; celui-ci se vengeait de n'avoir pu l'engager à écrire contre les Jésuites, dont il voulait supprimer l'Ordre. On sut alors que si Rousseau était éloquent, sa plume n'était pas vénale.

Le ci-devant archevêque de Paris (Beaumont) publia aussi un mandement contre l'Homme vertueux qui, en blâmant les abus, avait toujours respecté les personnes. Le Prélat attaquait l'Auteur et son *Traité de l'Education*. Le Philosophe répondit par une lettre qui porte ce titre remarquable :

Jean-Jacques Rousseau, citoyen de Genève, à Christophe de Beaumont, archevêque de Paris, etc.

Le vertueux Citoyen de Genève, justement indigné d'avoir été calomnié dans un écrit qui ne devait être fait que pour édifier, réfuta le mandement, et repoussa la calomnie avec les foudres de la raison et de l'éloquence. Rousseau terminait sa réponse en ces termes :

« Vous m'avez insulté publiquement, je
» viens de prouver que vous m'avez calom-
» nié. Si vous étiez un particulier comme

» moi, que je pusse vous citer devant un tri-
» bunal équitable, et que nous y comparus-
» sions tous deux, moi avec mon livre et vous
» avec votre mandement, vous y seriez sûre-
» ment déclaré coupable et condamné à me
» faire une réparation aussi publique que
» l'offense l'a été. Mais vous tenez un rang
» où l'on est dispensé d'être juste, et je ne
» suis rien. Cependant vous professez l'Evan-
» gile, vous Prélat fait pour apprendre aux
» autres leur devoir, vous savez le vôtre en
» pareil cas. Pour moi j'ai fait le mien, je
» n'ai plus rien à vous dire et je me tais ».

Cette lettre eut son effet ; le Prélat suivit
le conseil du Philosophe, et le silence fut
gardé des deux parts.

La gloire de Rousseau sortit toujours pure
et victorieuse des nuages dont elle fut investie
par ses ennemis. Il eut à se défendre de la
persécution des prêtres, de celle des ministres
de l'église protestante, et de la duplicité d'un
ami perfide qui prit le masque de l'amitié
pour le tromper. Rousseau, trop confiant, se
laissa entraîner par un homme qui se disait
son ami, chez ce Peuple si connu aujourd'hui
par la déloyauté de son Gouvernement dans
la violation de son Traité de paix avec la
France. Le Philosophe avait cru trouver en

Angleterre la liberté et le repos qu'on lui avait promis ; mais ce fut vainement, l'envie et la calomnie l'attendaient encore dans cette île pour le diffamer ; il dévoila leurs perfidies en leur opposant sa droiture et sa franchise ; il revint bientôt à Paris voir des amis plus sûrs que celui qui en avait pris le masque ; ils avaient obtenu sa rentrée en France sous la protection tacite du Gouvernement ; ils le consolèrent de ses malheurs en adoucissant leur amertume, et en le préservant de la persécution de ses ennemis. Rousseau ne s'occupa, depuis son retour en France, qu'à l'étude de la botanique et à rédiger ses *Confessions* qui sont les Mémoires de sa vie. Il s'y est peint avec impartialité, mettant son cœur et son ame à découvert, avouant ses fautes avec candeur, et ne faisant grace ni à ses défauts, ni à ses faiblesses. « Plus les fautes » dont il s'y accuse sont humiliantes, dit un » Ecrivain judicieux *, plus l'aveu qu'il en » fait est sublime ».

Si nous voulons savoir, Citoyens, quel était le caractère de Rousseau, écoutons-le parler, il s'est peint lui-même, et son portrait n'est pas flatté.

____

* Bernardin de Saint-Pierre.

« Plus ardent qu'éclairé dans mes recher-
» ches, dit-il, mais sincère en tout, même
» contre moi ; simple et bon, mais sensible et
» faible, faisant souvent le mal et toujours
» aimant le bien ; lié par l'amitié, jamais par
» les choses, et tenant plus à mes sentimens
» qu'à mes intérêts ; n'exigeant rien des
» hommes, et n'en voulant point dépendre ;
» ne cédant pas plus à leurs préjugés qu'à
» leur volonté, et gardant la mienne aussi
» libre que ma raison. Craignant Dieu sans
» peur de l'Enfer ; raisonnant sur la religion
» sans libertinage ; n'aimant ni l'impiété, ni
» le fanatisme, mais haïssant les intolérans
» encore plus que les esprits forts, etc. ».

La Nature imprime quelquefois aux grands
caractères des bizarreries dont Rousseau ne
fut pas exempt ; mais aussi quel caractère
plus prononcé, plus noble et mieux soutenu ?
Peu d'hommes ont été doués d'autant de génie, d'élévation d'ame, de sensibilité, et sur-
tout d'une véracité sans exemple. Aucun philosophe ne fut plus que Rousseau, digne de
la vénération du Peuple ; il a été constamment
le plus zélé défenseur de ses droits. Cependant ce fut le Peuple, mais le Peuple ignorant, mais le Peuple fanatisé et provoqué par

des ennemis infâmes, qui fut l'instrument aveugle dont ils se servirent pour attenter aux jours de ce grand Homme, dans une commune du comté de Neufchâtel en Suisse. Ce lieu était celui où il avait été chercher un asyle contre ses persécuteurs, après avoir quitté la France.

O ! habitans de Mottiers ! quand la raison aura-t-elle fait assez de progrès parmi vous, pour vous faire élever un monument à la gloire de Rousseau? Ce monument serait une expiation de l'attentat commis contre sa personne dans la commune que vous habitez (16).

Mais la raison est toujours venue tard ; c'est une divinité, dit un Homme célèbre, qui n'est encore apparue qu'à peu de personnes.

Les *Confessions de Rousseau* n'ont été imprimées qu'après sa mort, arrivée à Ermenonville, dans la maison du citoyen Girardin, son ami. Ce citoyen honora l'amitié et le grand Homme, en lui faisant élever un monument dans les beaux jardins d'Ermenonville, sur l'île des Peupliers qui en fait partie. C'est dans cet asyle solitaire que reposaient les cendres de Rousseau, lorsque le Peuple Français lui ouvrit les portes du

Panthéon. On lisait sur son tombeau ces épitaphes :

ICI REPOSE
L'HOMME DE LA NATURE
ET DE LA VÉRITÉ.

———

VITAM IMPENDERE VERO.

(C'était la devise du Philosophe.)

HIC JACENT OSSA J.-J. ROUSSEAU.

De toutes parts on allait à Ermenonville voir ce monument ; il était contemplé avec une vénération religieuse. On y considérait aussi la cabane du citoyen de Genève, où étaient écrits ces mots dessus la porte :

« Celui-là est véritablement libre, qui n'a » pas besoin de mettre les bras d'un autre au » bout des siens, pour faire sa volonté.....».

Les dernières paroles de Rousseau furent une invocation à l'Être-Suprême. Ce fut long-temps avant sa mort qu'il adressa à Dieu cet hommage si connu, que tant de personnes ont gravé dans leur mémoire :

« Être des êtres, je suis parce que tu es ; » c'est m'élever à ma source que de te méditer » sans cesse ; le plus digne usage de ma raison » est de s'anéantir devant toi : c'est mon

» ravissement d'esprit, c'est le charme de ma
» faiblesse de me sentir accablé de ta gran-
» deur ».

Quel hommage plus pur fut jamais rendu
à la Divinité ! C'est l'hommage du cœur,
c'est celui de l'esprit et de la méditation par
laquelle Rousseau s'humiliait devant son
Créateur.

Il n'était pas moins convaincu de l'immortalité de l'ame que de l'existence de Dieu.
Il s'exprime ainsi dans l'une de ses lettres
à Voltaire :

« Toutes les subtilités de la métaphysique
» ne me feront pas douter un moment de
» l'immortalité de l'ame et d'une Providence
» bienfaisante. Je la sens, je la crois, je la
» veux, je l'espère, je la défendrai jusqu'à
» mon dernier soupir, et ce sera de toutes les
» disputes que j'aurai soutenues, la seule où
» mon intérêt ne sera pas oublié ».

Comme d'Alembert, il voyait avec douleur
l'égarement de ces Ecrivains qui ont fait des
efforts aussi vains que coupables, pour ôter
un frein à la méchanceté puissante, et une
consolation à la vertu malheureuse.

Nous terminerons ce Discours, Citoyens,
en vous retraçant l'inscription composée et
publiée

publiée à Genève pour la statue de Rousseau, dans le temps où l'aristocratie y régnait
encore. Cette inscription peint mieux que nous
ne pourrions l'exprimer, le génie et les vertus de ce Philosophe sublime ; elle est ainsi
conçue :

JEAN-JACQUES ROUSSEAU,

NÉ

CITOYEN DE GENÈVE EN 1712.

DEPUIS,

PAR UNE NOBLE ABDICATION DE CE TITRE,

DEVENU COSMOPOLITE.

LE PLUS ÉLOQUENT, LE PLUS PARFAIT ÉCRIVAIN

DU MONDE CONNU, ANCIEN ET MODERNE.

PHILOSOPHE

PERSÉCUTÉ PAR LES FANATIQUES.

AMI

DE LA VÉRITÉ ;

APÔTRE

DE LA VERTU ;

AMANT

DE LA NATURE.

RESTAURATEUR

DES DROITS ET DES PLAISIRS DE L'ENFANCE.

RELIGIEUX

DANS LA SIMPLICITÉ DE L'ÉVANGILE ET DE SON CŒUR.

PATIENT

DANS L'ADVERSITÉ.

ADMIRABLE

DANS LA PAUVRETÉ.

IMPLACABLE ENNEMI

DE L'OPPRESSION ET DE LA TYRANNIE.

RÉPUBLICAIN

COMME CATON ;

CITOYEN

COMME ARISTIDE.

INGÉNIEUX

DANS LA CULTURE DES SCIENCES.

C

CRÉATEUR
DANS L'ART DE LA MUSIQUE.
D'UN CARACTÈRE DE PAIX;
D'UNE AME SENSIBLE ET ARDENTE.
ENFIN
PUR
D'AME, D'ESPRIT ET DE CŒUR,
ET DIGNE
D'UNE MEILLEURE RACE D'HOMMES.
IL EST MORT
LE 2 JUILLET 1778.

———

Heureux si nous avions pu, Citoyens, nous acquitter du tribut d'hommage que nous devons à la mémoire de l'homme immortel, « qui fut, dit l'un de nos Représentans [*], » l'ami, le défenseur, l'apôtre de la liberté » et des mœurs, le promoteur des droits de » l'homme, et l'éloquent précurseur d'une » révolution qui sera terminée pour le bonheur des peuples ! Honorons en lui les travaux et les arts utiles pour lesquels il brava » le rire insultant de la frivolité ; honorons en » lui l'homme solitaire et champêtre qui vécut » loin de la corruption des villes et loin du » faux éclat du monde, pour mieux connaître, mieux sentir la Nature, et y ramener » plus puissamment ses semblables ; honorons

———

[*] Lakanal, Rapport sur J.-J. Rousseau, 29 fructidor, an 3.

» en lui le malheur…. Car il est douloureux,
» et peut-être inévitable, que le génie et la
» vertu soient en butte à la calomnie, à la
» persécution des hommes, lors même qu'ils
» s'occupent des moyens de les rendre heu-
» reux : et Rousseau paya plus qu'un autre
» cette dette du génie et de la vertu…. Ho-
» norons-nous enfin nous-mêmes, en hono-
» rant l'homme de génie qui fut le plus élo-
» quent de nos instituteurs dans l'art sublime
» de policer les peuples ; et justifions cette
» autre prédiction, non moins infaillible que
» la première :

» Quand vous verrez la vérité, écrivait-il
» à un jeune ami, il ne sera pas pour cela
» temps de la dire : il faut attendre les révo-
» lutions qui lui sont favorables ; c'est alors
» que le nom de mon ami dont il faut main-
» tenant se cacher, honorera ceux qui l'ont
» porté et qui rempliront les devoirs qu'il leur
» impose ».

Vous avez cru, Citoyens, qu'il suffisait
d'être juste pour remplir aujourd'hui le plus
sacré de ces devoirs, celui de la reconnaissance envers le bienfaiteur de l'humanité.

Nous observerons encore, en terminant ce
Discours, que Rousseau traita des questions

susceptibles de pour et de contre, et comme tous les hommes, il se trompa quelquefois. C'est un malheur attaché à la condition humaine ; mais ses erreurs furent celles de l'homme de génie et de l'homme vertueux. Dans la plupart de ses idées paradoxales, il eut le délire de la vertu, et il proposa des doutes qu'il abandonna depuis à la sévérité de la critique.

On voit avec admiration, en lisant les ouvrages de cet illustre Ecrivain, que quand la raison lui prêta son flambeau pour nous éclairer, ce fut pour l'embellir et nous la faire aimer que l'éloquence le combla de ses dons.

Il fut humain et charitable ayant à peine le nécessaire (17) ; il sut vivre de privations et se crut riche de tout ce dont il sut se passer. Ses écrits seront toujours une source d'instructions les plus propres à apprendre à penser, à inspirer le goût de la vertu, et à entretenir dans nos cœurs le feu sacré du patriotisme. Le nom de Rousseau ne sera jamais prononcé par les vrais Républicains qu'avec les sentimens de la reconnaissance et de la vénération, qui le feront parvenir aux générations futures.

F I N.

NOTES

SUR L'ÉLOGE DE J.-J. ROUSSEAU.

(1) *Il soutint par son génie et son éloquence, etc.*
« S'il n'avait été que l'homme le plus éloquent de son
» siècle, nous laisserions à la renommée le soin de le
» célébrer ; mais il a honoré l'humanité ; mais il a
» étendu l'empire de la raison et reculé les bornes de
» la morale : voilà sa gloire et ses droits à notre re-
» connaissance ».

*Discours prononcé au Panthéon par le Consul Cambacérès,
alors président de la Convention nationale, le 20 vendemiaire an 3,
jour de la translation.*

(2) *Le mot imposant de vertu.* Il est essentiel
de fixer la vraie signification de ce mot, pris dans
ces différentes acceptions, nous les puiserons dans les
meilleures sources pour les présenter ici sous un seul
coup d'œil.

« Qu'est-ce que vertu ? Bienfaisance envers le pro-
» chain, dit Voltaire ; puis-je appeler vertu autre
» chose que ce qui me fait du bien ? Je suis indigent,
» tu es libéral. Je suis en danger, tu me secours. On
» me trompe, tu me dis la vérité. On me néglige, tu
» me consoles. Je suis ignorant, tu m'instruis. Je t'ap-
» pellerai sans difficulté vertueux. Mais que devien-
» dront, continue Voltaire, les vertus cardinales et
» théologales ? Quelques-unes, dit-il, resteront dans
» les écoles ».

La vertu, considérée dans son acception politique,
est le principe du gouvernement républicain ; elle en
est le soutien ou le ressort qui le fait mouvoir. Elle
consiste, dit Montesquieu, dans l'amour des lois et
de la patrie ; il ajoute que l'honneur, non moins que
la vertu, est nécessaire dans le gouvernement républicain, où le citoyen doit être guidé par le desir et
l'espérance de l'estime.

« L'honneur est nécessaire dans la république, dit
» Voltaire, parce qu'un homme qui prétend être élu
» par le peuple, ne le sera pas s'il est déshonoré ».

« S'il est vrai, dit Helvétius, que la vertu soit utile
» aux Etats, il est donc utile d'en présenter des idées
» nettes, et de les graver dès la plus tendre enfance
» dans la mémoire des hommes. La définition que cet
» illustre Ecrivain en a donnée lui a parue la seule
» vraie. La vertu, a-t-il dit, n'est autre chose que le
» desir du bonheur public. Le bien général est l'objet
» de la vertu, et les actions qu'elle commande sont les
» moyens dont elle se sert pour remplir cet objet ;
» l'idée de la vertu, ajoute-t-il, peut donc être par-
» tout la même.

» Si, dans les siècles et les pays divers, les hommes
» ont paru s'en former des idées différentes ; si des
» Philosophes ont en conséquence cité l'idée de la
» vertu comme arbitraire, c'est qu'ils ont pris pour
» la vertu même les divers moyens dont elle se sert
» pour remplir son objet, c'est-à-dire, les diverses
» actions qu'elle commande : ces actions ont sans con-
» tredit été quelquefois très - différentes, parce que
» l'intérêt des Nations changent selon les siècles et
» leur position, et qu'enfin le bien public peut, jus-
» qu'à certain point, s'opérer par des moyens différens.

» L'entrée d'une marchandise étrangère, conti-
» nue Helvétius, aujourd'hui permise en Allemagne
» comme avantageuse à son commerce et conforme
» au bien de l'Etat, peut demain être défendue. On
» peut demain en déclarer l'achat criminel, si, par
» quelques circonstances, cet achat devient préjudi-
» ciable à l'intérêt national. Les mêmes actions peu-
» vent donc successivement devenir utiles ou nuisibles
» au peuple, et mériter tour-à-tour le nom de ver-
» tueuses ou de vicieuses, sans que l'idée de la vertu
» change et cesse d'être la même ».

Rousseau attachait à ce mot une idée plus étendue.
« Le mot de *vertu*, dit-il, vient de *force*. La vertu
» n'appartient qu'à un être faible par sa nature et fort
» par sa volonté. C'est en cela que consiste le mérite
» d'un homme juste ; et quoique nous appelions Dieu
» bon, nous ne l'appelons pas vertueux, parce qu'il
» n'a pas besoin d'efforts pour bien faire ».

« Qu'est-ce que l'homme vertueux ? C'est, dit
» Rousseau, celui qui sait vaincre ses affections ; car

» alors il suit sa raison , sa conscience, il fait son
» devoir , et rien ne l'en peut écarter ».

Ces rapprochemens , extraits des ouvrages des
grands Hommes cités ci-dessus , peuvent nous donner une idée nette de la vertu. Les différentes acceptions de ce mot rentrent toutes dans la définition que
nous en a donnée Helvétius. On sait que si les républiques s'établissent par le courage , c'est la vertu
seule qui les conservent ; elle nous commande d'écouter sans cesse la voix qui crie d'un bout du monde
à l'autre :

« Adore un Dieu , sois juste , et chéris ta Patrie ».

VOLTAIRE , *Poëme sur la Loi Naturelle.*

(3) *Les devoirs de la maternité* , etc. « Le germe
» des écrits de Rousseau est dans cette maxime : *Que*
» *la raison nous trompe plus souvent que la na-*
» *ture.* Fort de ce principe, il a combattu le préjugé,
» il a ramené la nature égarée , et à la voix de
» Rousseau, le lait de la mère a coulé sur les lèvres
» de l'enfant ».

Discours du Consul Cambacérès.

(4) *Et il a été le premier précurseur de la révolution.* Ce ne fut que quelques années après la prédiction de Rousseau, que Voltaire a dit :

« Je vois venir de loin ces temps , ces jours sereins ,
» Où la philosophie éclairant les humains ,
» Doit les conduire en paix aux pieds du commun maitre.
» Le fanatisme affreux tremblera d'y paraître ;
» On aura moins de dogmes avec plus de vertu :
» Si quelqu'un d'un emploi veut être revêtu,
» Il n'emmènera plus deux témoins à sa suite ,
» Jurer quelle est sa foi, mais quelle est sa conduite ».

C'est dans une Epître du même à Saint-Lambert
que l'on trouve les vers suivans :

« Chers enfans de Cérès , ô chers agriculteurs !
» Vertueux nourriciers de vos persécuteurs ,
» Jusqu'à quand serez-vous vers ces tristes frontières,
» Ecrasés sans pitié sous ces mains meurtrières ?
» Ne vous ai-je assemblés que pour vous voir périr ,
» En maudissant les champs que vos mains font fleurir ?
» Un temps viendra sans doute où des lois plus humaines
» De vos bras opprimés relâcheront les chaines ».

Tels étaient les vœux et la prévoyance des deux illustres précurseurs de la révolution ; telles sont aussi les prérogatives du génie : il plane sur la surface de la terre ; il observe l'homme et ses rapports ; son caractère se répand sur tout ce qu'il touche, ses lumières s'étendent sur le passé et au-delà du présent pour éclairer l'avenir.

(5). *Que l'héritier du possesseur de trois royaumes.* Allusion au prétendant Stuard. Le Censeur des éditions faites en France fit supprimer cette allusion pour y substituer un trait d'histoire ancienne fort peu connu.

(6) *Son Traité de l'Education*, etc. Ainsi que le cultivateur prépare la terre à recevoir les semences qu'elle doit fructifier, de même Rousseau croyait qu'il faut perfectionner les organes, instrumens de nos connaissances, avant de nous donner ces connaissances, et préparer l'enfant à la raison par l'exercice des sens ; c'est ce qu'il appelle *éducation négative :* cette éducation, dit-il, n'est pas oisive, tant s'en faut ; elle ne donne pas les vertus, mais elle prévient les vices ; elle n'apprend pas la vérité, mais elle préserve de l'erreur ; elle dispose l'enfant à tout ce qui peut le mener au vrai quand il est en état de l'entendre, et au bien quand il est en état de l'aimer.

Rousseau appelle *éducation positive* celle qui tend à former l'esprit avant l'âge, et à donner à l'enfant la connaissance des devoirs de l'homme. Il fait voir comment toute éducation positive suit une route opposée à son but ; il montre comment on tend au même but, et comment on y arrive par le chemin qu'il a tracé.

(7) *Quelques amis dignes de lui*, etc. Le feu prince Conty, le maréchal de Luxembourg, de Lamoignon - Malesherbes, Buffon, Duclos, secrétaire de l'Académie Française ; le citoyen Girardin, etc., furent de ce nombre ; c'était tous des hommes incapables de le trahir, si d'autres, en se disant ses amis, ont été assez perfides pour se jouer de sa bonne foi et de sa crédulité.

(8) *Et la jalouse rivalité qui les calomnient.* Rousseau ne souilla point sa gloire en cherchant à l'élever sur la destruction de celle d'autrui. Combien d'Ecrivains éphémères se sont servis de ce moyen pour lui ravir la sienne ! Il est vrai que pour sa juste défense, il fut quelquefois forcé de démasquer la méchanceté et la mauvaise foi de ses ennemis qui isolaient ses phrases pour lui faire dire des absurdités, ou l'attaquaient par des ergoteries d'une partialité manifeste, et par des libelles rimés qui n'ont fait tort qu'à leurs auteurs.

(9) *Des hommes vicieux et hypocrites, etc.* La destinée de la Convention nationale fut d'avoir de tels hommes dans son sein : ils furent signalés à la vindicte publique, dans la tribune, et la reconnaissance nous fait un devoir de ne pas oublier les paroles prononcées dans cette tribune peu de temps avant le 9 thermidor.

« Ne nous dissimulons pas, disait Tallien, qu'il y
» aura des charlatans en vertu comme en patriotisme,
» mais nous les démasquerons. Ce n'est pas seulement
» dans de pompeux discours, dans un costume négligé
» que se trouvent la probité et la vertu, mais bien
» dans les bonnes actions. L'homme vertueux, dit-
» il, c'est le bon père, le fils respectueux, l'époux
» tendre, l'ami sincère et le bon citoyen. Servir son
» pays, savoir lui sacrifier sa vie, sa fortune, sou-
» lager les malheureux, être fidèle à ses engagemens,
» ne jamais s'écarter de la morale la plus sévère,
» faire le bien avec modestie, voilà la probité et la
» vertu que la Convention a mis à l'ordre du jour ».
Ces paroles, qui ont obtenu l'assentiment général, étaient dignes d'être recueillies pour servir à l'histoire de l'une des principales époques de la révolution, et de règle à la conduite des bons citoyens.

(10) *Et en leur montrant l'abus qu'ils ont fait des sciences.* C'est contre cet abus que Rousseau s'est élevé, et non contre les sciences en elles-mêmes. « La science, disait-il à l'un de ses adversaires, est » très-bonne en soi, cela est évident ; et il faudrait » avoir renoncé au bon sens pour dire le contraire.

» L'auteur de toutes choses est la source de la vérité ;
» tout connaître est un de ses divins attributs ; c'est
» donc participer en quelque sorte à la suprême
» intelligence que d'acquérir des connaissances et
» d'étendre ses lumières. En ce sens j'ai loué le
» savoir, et c'est en ce sens que je loue mon ad-
» versaire. Il s'étend encore sur les divers genres
» d'utilité que l'homme peut retirer des arts et des
» sciences ; et j'en aurais volontiers dit autant, si
» cela eût été de mon sujet. Ainsi nous sommes par-
» faitement d'accord en ce point ».

Après cette déclaration, Rousseau fait une longue
énumération des abus des sciences, et ces abus sont
tous évidens, ce qui devait jeter un grand jour sur
la question ; mais il trouva encore des esprits opiniâtres,
impénétrables à la conviction.

(11) *Et de beaucoup d'autres ouvrages, etc.*
Du nombre de ces ouvrages est une lettre à d'Alembert sur le projet qu'il avait proposé dans l'Ency-
clopédie, d'établir un théâtre de comédie à Genève.
Rousseau publia cette lettre en 1750 (vieux style) :
elle fit alors une grande sensation dans le public ;
parce qu'elle renferme les vérités les plus importantes
et les mieux développées. Cette lettre, si intéressante
pour les mœurs, préserva Genève de l'établissement
que l'on y voulait introduire. Selon Rousseau, un
théâtre de comédie aurait amené dans cette ville la
corruption des mœurs, dont il voulait garantir ses
concitoyens. La cité qui l'avait vu naître pouvait
mériter ce genre de sollicitude, que son patriotisme
et ses lumières lui suggéraient.

(12) *Sans un souvenir qui rappelle toutes les
idées de la valeur.* Ce fut un pareil souvenir qui
dicta la belle épitaphe écrite sur un marbre aux
Thermopiles, où trois cents Spartiates, commandés
par leur roi Léonidas, perdirent la vie en défendant
ce passage contre l'armée formidable de Xercès roi
des Perses :

» PASSANT, VA DIRE A SPARTE QUE NOUS SOMMES
» MORTS ICI POUR OBÉIR A SES SAINTES LOIS. »

On voit bien, dit Rousseau, que ce n'est pas l'Académie des inscriptions qui a composé celle-là.

(13) *Avec quelle joie l'auteur du Contrat Social, etc.* Cet ouvrage d'un savoir profond et d'un sage politique est aujourd'hui regardé comme l'un des chefs-d'œuvres de l'esprit humain.

« Tous les publicistes, dit le Représentant, dont
» nous avons déjà emprunté les expressions *, qui
» ont considéré J.-J. Rousseau, dans son rapport
» avec la révolution française, ont sur-tout vanté
» l'influence du *Contrat Social* et de ses autres
» écrits politiques. Il est vrai que dans ses immortels
» ouvrages, et sur-tout dans le premier, il développa
» les véritables principes de la théorie sociale, et re-
» monta jusqu'à l'essence primitive des associations
» humaines. Peut-être lui fallut-il autant de courage
» pour aborder alors en France ces questions déli-
» cates, que de vigueur d'esprit pour les traiter.

» En France, où la force d'opinion avait écrasé
» la force réelle, il soutint le droit de réprimer par
» la force le prétendu droit du plus fort ; en France,
» où le Gouvernement se jouait sans pudeur des
» biens, des mœurs, des lois et des libertés, il rap-
» pela aux gouvernés leurs prérogatives usurpées
» par les Gouvernemens ; en France, où les rangs
» étaient pris pour des droits, et où ils s'opprimaient
» entr'eux, et pesaient tous ensemble sur le peuple,
» il proclama l'égalité des droits, l'inaliénable sou-
» veraineté du peuple, fondement de toute asso-
» ciation légitime. Le *Contrat Social* semble avoir
» été fait pour être prononcé en présence du genre
» humain assemblé, pour lui apprendre ce qu'il a
» été et ce qu'il a perdu. L'auteur immortel de
» cet ouvrage s'est associé en quelque sorte à la
» gloire de la création du monde, en donnant à ses
» habitans des lois universelles et nécessaires, comme
» celles de la nature, lois qui n'existaient que dans
» les écrits de ce grand homme, avant que les
» législateurs français en eussent fait présent aux
» peuples.

* Lakanal.

» Mais les grandes maximes développées dans le
» *Contrat Social*, toutes évidentes, toutes simples
» qu'elles nous paraissent aujourd'hui, produisirent
» alors peu d'effet : on ne les entendit pas assez pour
» en profiter, ni pour les craindre ; elles étaient
» trop au-dessus de la portée commune de ceux
» qui étaient ou croyaient être supérieurs aux esprits
» vulgaires. C'est, en quelque sorte, la révolu-
» tion qui nous a expliqué le *Contrat Social*.
» Il fallut qu'un autre ouvrage nous amenât à la
» révolution, nous élevât, nous instruisît, nous fa-
» çonnât pour elle, et cet ouvrage c'est *Emile*, le
» seul code d'éducation sanctionné par la nature ».

Au passage ci-dessus nous ajouterons un fragment
du *Contrat Social*, sur les mots *république* et
citoyen, comme une instruction élémentaire rela-
tive à la vraie signification de ces deux mots, sur
lesquels il importe d'avoir des idées claires.

« Si donc, dit Rousseau, on écarte du pacte social
» ce qui n'est pas de son essence, on trouve qu'il
» se réduit aux termes suivans :

» *Chacun de nous met en commun sa per-*
» *sonne et toute sa puissance sous la suprême*
» *direction de la volonté générale, et nous*
» *recevons en corps chaque membre comme*
» *partie indivisible du tout.*

» A l'instant, continue-t-il ; au lieu de la per-
» sonne particulière de chaque contractant, cet acte
» d'association produit un corps moral et collectif,
» composé d'autant de membres que l'assemblée a
» de voix, lequel reçoit de ce même acte son
» *moi* commun, sa vie et sa volonté. Cette personne
» publique, qui se forme ainsi par l'union de toutes
» les autres, prenait autrefois le nom de *Cité*, et
» prend maintenant celui de *République* ou de corps
» politique, lequel est appelé par ses membres *État*
» quand il est passif ; *Souverain* quand il est actif ;
» *Puissance*, en le comparant à ses semblables.
» A l'égard des associés, ils prennent collectivement
» le nom de *Peuple*, et s'appellent en particulier
» *Citoyens*, comme participans à l'autorité souve-
» raine, et *Sujets*, comme soumis aux lois de l'état.
» Mais ces termes se confondent souvent, et se

» prennent l'un pour l'autre ; il suffit, dit Rousseau,
» de les savoir distinguer quand ils sont employés
» dans toute leur précision.

» Le vrai sens du mot *Citoyen*, ajoute-t-il, s'est
» presqu'entièrement effacé chez les modernes ; la
» plupart prennent une ville pour une cité, et un
» bourgeois pour un citoyen. Ils ne savent pas que
» les maisons sont la ville, mais que les citoyens
» sont la cité. Cette même erreur, dit-il, coûta
» cher autrefois aux Carthaginois. Je n'ai pas lu,
» ajoute-t-il, que le titre de *Cives* ait jamais été
» donné aux sujets d'aucun prince, pas même an-
» ciennement aux Macédoniens, ni, de nos jours, aux
» Anglais, quoique plus près de la liberté que tous
» les autres. Les seuls Français prennent tous fami-
» lièrement le nom de *Citoyens*, parce qu'ils n'en
» ont aucune véritable idée, comme on peut le voir
» dans leurs dictionnaires, sans quoi ils tomberaient,
» en l'usurpant, dans le crime de lèze-majesté : ce
» nom chez eux exprime une vertu et non pas un
» droit. d'Alembert ne s'y est pas trompé, dit encore
» Rousseau ; il a bien distingué, dans son article
» Genève, du Dictionnaire encyclopédique, les quatre
» ordres d'hommes (même cinq en y comprenant
» les étrangers) qui sont dans cette ville, et dont
» deux seulement composent la république. Nul au-
» teur français que je sache, dit-il, n'a compris le
» vrai sens du mot *Citoyen* ».

(14) *Ils appelleraient sur eux le mépris public, etc.* Helvétius, dans le livre intitulé : *De
l'Homme, de son éducation*, met en question si
dans les grandes villes, telles que Paris et Constan-
tinople, dont les habitans ne se connaissent pas tous,
on pourrait faire usage du supplice si salutaire de la
honte et de l'infamie ? Il croyait que dans un Gouvernement sage, le supplice de la honte suffirait seul
pour contenir le citoyen dans son devoir.

C'est dans l'un des Gouvernemens les plus anciens,
chez un peuple qui a le plus perfectionné la morale
et la politique, que *Confucius* fit admirer sa sagesse
par le conseil qu'il donne à un Législateur.

« Si tu veux, dit ce Philosophe, diminuer le soin
» de punir les crimes, occupes-toi du soin de les
» prévenir ».

« La plus douce loi, dit Voltaire, est celle qui
» mettant le frein le plus terrible à l'iniquité, pré-
» vient ainsi le plus de crimes ».

On trouve des détails essentiels sur cet important
objet dans l'excellent *Traité des délits et peines,*
par Beccaria.

Le génie de Rousseau nous a révélé aussi un grand
nombre de maximes politiques, parmi lesquelles on
distingue celles-ci :

« De quelque façon que l'on s'y prenne, aucun
» peuple ne sera jamais que ce que la nature de son
» Gouvernement le fera être.

» Une sainte et forte constitution est la première
» chose qu'il faut chercher, et l'on doit plus compter
» sur la vigueur qui naît d'un bon Gouvernement,
» que sur les ressources que fournit un grand terri-
» toire.

» Comme le régime des gens sains n'est pas propre
» aux malades, il ne faut pas vouloir gouverner un
» peuple corrompu par les mêmes lois qui convien-
» nent à un bon peuple. Rien ne prouve mieux cette
» maxime que la durée de la république de Venise,
» dont le simulacre existe encore uniquement, parce
» que ses lois ne conviennent qu'à de méchans
» hommes ».

Nous pouvons nous borner à la citation de ce peu
de maximes qui prouvent assez combien Rousseau
s'est occupé du bonheur des hommes.

(15) *Le coup le plus sensible.* L'indignation de
Rousseau fut à son comble lorsqu'il apprit que son
livre sur l'éducation avait été livré aux flammes,
et sa personne décrétée de prise-de-corps à Genève
comme à Paris, par des procédures illégales ; il se
détermina alors à renoncer à son ingrate patrie où il
se voyait si indignement traité. Il abdiqua solem-
nellement son droit de bourgeoisie et de cité par
la lettre suivante, adressée au premier syndic de
Genève.

Monsieur,

» Revenu du long étonnement où ma jeté, de la
» part du magnifique Conseil, le procédé que je
» devais le moins attendre, je prends enfin le parti
» que l'honneur et la raison me prescrivent, quel-
» que cher qu'il en coûte à mon cœur.

» Je vous déclare donc, Monsieur, et je vous
» prie de déclarer au magnifique Conseil, que j'ab-
» dique à perpétuité mon droit de bourgeoisie et de
» cité dans la ville et république de Genève. Ayant
» rempli de mon mieux les devoirs attachés à ce
» titre, sans jouir d'aucuns de ses avantages, je ne
» crois pas être en reste avec l'État, en le quittant.
» J'ai tâché d'honorer le nom de Génevois, j'ai ten-
» drement aimé mes compatriotes, je n'ai rien ou-
» blié pour me faire aimer d'eux. On ne saurait
» plus mal réussir ; je veux leur complaire jusques
» dans leur haîne. Le dernier sacrifice qui me reste
» à faire est celui d'un nom qui me fut si cher.
» Mais, Monsieur, ma patrie en me devenant
» étrangère ne peut me devenir indifférente : je lui
» reste attaché par un tendre souvenir, et je n'ou-
» blirai d'elle que ses outrages. Puisse-t-elle pros-
» pérer toujours, et voir augmenter sa gloire ! Puisse-
» t-elle abonder en citoyens meilleurs et sur-tout plus
» heureux que moi ! »

Recevez, je vous prie, Monsieur, etc.

Signé ROUSSEAU.

A Motiers-Travers, ce 12 mai 1763.

La grande ame de Rousseau se découvre toute en-
tière dans cette lettre, et les persécutions qu'il essuya
semblent justifier cette teinte de misantropie que l'on
remarque dans ses derniers ouvrages.

(16) *Dans la commune que vous habitez ?*
Echappé au danger de perdre la vie par un meurtre
prémédité, Rousseau quitta Motiers-Travers pour
aller chercher un nouvel asyle dans l'île de Saint-
Pierre, située sur le lac de Bienne, domaine appar-
tenant à l'hôpital de Berne. C'est dans cette île où il

voulait s'ensevelir avec sa renommée, qu'il reçut l'intimation d'en sortir par ordre du Sénat de Berne, ainsi que du territoire médiat et immédiat de ce canton, dans l'espace de vingt-quatre heures, avec défense d'y rentrer jamais, sous les plus grièves peines. Cet ordre barbare, donné sans motif comme sans respect pour le malheur et pour l'innocence opprimée, fut un coup de foudre pour Rousseau accablé d'infirmités, et à l'approche d'une saison rigoureuse. L'entrée de la France et celle de sa patrie lui étant fermées, il offrit de se constituer prisonnier jusqu'au printemps suivant, et d'être privé de plumes et d'encre. La grace qu'il demandait lui fut impitoyablement refusée. Son penchant lui dictait alors d'aller en Corse ou à Berlin, mais il en fut détourné pour aller à Londres, par l'invitation pressante d'un faux ami qu'il croyait sincère, et qui était l'ami de ses ennemis.

Rousseau fut un homme de bonne foi, facile à tromper par des témoignages d'amitié,

> « Car la défiance
> » Est d'un grand cœur la dernière science ».

a dit l'illustre Poète qui a peint les hommes tels qu'ils sont.

(17) *Il fut humain et charitable ayant à peine le nécessaire.* « Le héros de tant de vertus devait » en être le martyr. Rousseau a vécu dans la pauvreté, et son exemple nous apprend qu'il n'appartient point à la fortune ni de donner, ni de ravir » la véritable grandeur ».

Discours du Consul Cambacérès.

Les ennemis de la philosophie tourmentent encore la cendre de Rousseau, mais ils ne parviendront jamais à lui enlever sa gloire.

FIN DES NOTES.

L'EVANGILE

L'ÉVANGILE

DE LA RAISON,

OU

ABRÉGÉ DU CODE DE LA NATURE.

QUE l'humanité, dit la Nature, t'intéresse au sort de ton semblable. Songe qu'il peut un jour t'accabler, ainsi que lui. Essuie les pleurs de l'innocence opprimée, de la vertu dans la détresse. Que la douce chaleur de l'amitié, que l'estime d'une compagne qui t'es chère, te fasse oublier les peines de la vie.

Sois juste, parce que l'équité est le soutien du genre humain. Sois bon, parce que la bonté enchaîne tous les cœurs. Sois indulgent, parce que faible toi-même, tu vis avec des êtres aussi faibles que toi. Sois doux, parce que la douceur attire l'affection. Sois reconnaissant, parce que la reconnaissance alimente et nourrit la bonté. Sois modeste, parce que l'orgueil révolte des êtres épris

D

d'eux-mêmes. Pardonne les injures, parce que la vengeance éternise les haînes. Fais du bien à celui qui t'outrage, afin de te montrer plus grand que lui, et de t'en faire un ami. Sois retenu, tempéré, chaste, parce que la volupté, l'intempérance et les excès détruisent ton être et te rendront méprisable.

Sois citoyen, parce que ta patrie est nécessaire à ta sûreté, à tes plaisirs, à ton bien être; en un mot, sois homme, sois un être sensible et raisonnable; sois époux fidèle, père tendre, maître équitable, citoyen zélé; travaille à servir ton pays par tes forces, tes talens, ton industrie, tes vertus. Fais part à tes associés des dons que la nature t'a fait; répand le bien-être, le contentement et la joie sur tous ceux qui t'approchent; sois sûr que l'homme qui fait des heureux ne peut être lui-même malheureux. En te conduisant ainsi, tu rentreras toujours avec plaisir en toi-même. Tu ne trouveras au fond de ton cœur, ni honte, ni terreurs, ni remords. Si le ciel s'occupe de toi, il sera content quand la terre en est contente.

C'est moi, dit la Nature, qui punit sûrement les crimes de la terre. Le méchant peut échapper aux lois des hommes; jamais aux miennes. Si tu te livres à l'intempérance, les hommes ne te puniront pas, mais je te punirai en abrégeant tes jours. Si tu es vicieux, tes habitudes funestes retomberont sur ta tête. Ces princes, que leur puissance met au-dessus des lois humaines, sont forcés de frémir sous les miennes. C'est moi qui les châtie, qui les remplit de soupçons, de terreurs. Descends au fond des cœurs de ces criminels, dont le visage content couvre une ame déchirée. Vois l'avare gémir exténué sur l'inutile trésor, qu'aux dépens de lui-même il a pris soin d'amasser. Vois le voluptueux si gai, gémir secrètement sur une santé prodiguée ; la division et la haîne régner entre ces époux adultères ; le menteur privé de toute confiance, l'imposteur trembler au seul nom de la vérité ; le cœur flétri de l'envieux, qui sèche du bonheur des autres ; le cœur glacé de l'ingrat que nul bienfait ne réchauffe ; l'ame de fer de ce monstre que les soupirs de l'infortuné ne peuvent amollir ; ce vindicatif qui se nourrit de fiel, et qui, dans ses fureurs, se dévore lui-même. Porte envie, si tu l'oses, au sommeil de l'homicide, du juge inique, de l'oppresseur..... Mais non, l'humanité te fait partager leurs tourmens mérités. Si tu te compares à eux, tu t'applaudis de retrouver toujours la paix dans ton cœur : enfin vois accomplir sur eux et sur toi le décret du destin, qui veut que le crime se punisse lui-même, et que la vertu ne soit jamais privée de récompense.

F I N.

Je mets cet Ouvrage sous la sauve-garde des lois et de la probité des citoyens. Je poursuivrai devant les tribunaux, conformément aux lois, tout contrefacteur ou débitant d'édition contrefaite.

DE L'IMPRIMERIE DE LEFEBVRE, RUE DE LILLE, Nº. 688.